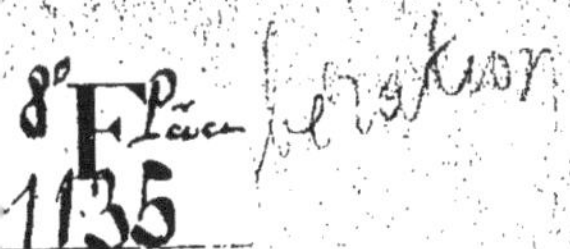

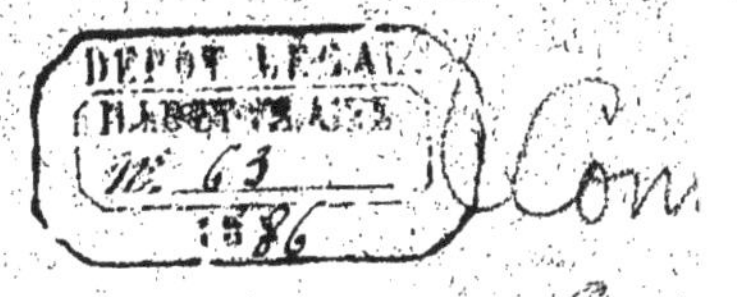

DÉLIBÉRATION

DE LA COUR D'APPEL DE RENNES

SUR LE

PROJET

DE RÉFORME DE LA LÉGISLATION

EN MATIÈRE DE FAILLITES

TYPOGRAPHIE OBERTHUR, RENNES

—

1886

Le 8 juin 1886, la Cour d'appel de Rennes, réunie en assemblée générale, conformément aux instructions de M. le Garde des sceaux,

Après avoir entendu le rapport qui lui a été fait par l'un des Commissaires précédemment désignés, a délibéré sur le *Projet de réforme de la législation en matière de faillites*, ainsi qu'il suit :

DÉLIBÉRATION

DE LA COUR D'APPEL DE RENNES

SUR LE

PROJET

DE RÉFORME DE LA LÉGISLATION

EN MATIÈRE DE FAILLITES

Les chambres et les tribunaux de commerce réclament unanimement la révision de la législation en matière de faillites, et on ne peut méconnaître que les résultats accusés par la statistique des vingt dernières années justifient ce mouvement réformiste.

Le nombre des commerçants qui obéissent à l'injonction de la loi en déposant leur bilan dans les trois jours de la cessation de leurs payements, va diminuant; beaucoup de créanciers, considérant la faillite comme une sorte de naufrage corps et biens, éprouvent une répulsion de plus en plus forte à provoquer cette mesure contre leurs débiteurs, d'où ce fait malheureusement indéniable que, « le plus souvent, » les commerçants n'ont été déclarés en faillite qu'après » avoir disposé, dans des opérations ruineuses, de la presque » totalité de leur actif, au grand détriment de la masse (1). »

(1) *Rapport fait au nom de la Commission parlementaire* par M. LAROZE, député.

Sur 3,598 faillites terminées pendant l'année 1884, près des deux tiers, exactement 2,376 ont donné un dividende inférieur à 25 °/₀, et sur ce nombre on en compte 1,123 qui ont donné moins de 10 °/₀.

Le législateur tardant à intervenir, les commerçants ont cherché à se soustraire à l'application de la loi de 1838, les plus honnêtes par le moyen de liquidations opérées publiquement sous la surveillance officieuse des juges consulaires, les autres par l'expédient de traités amiables conclus clandestinement avec leurs créanciers, par l'intermédiaire d'agents d'affaires « souvent très peu scrupuleux (1). » Or, il est aujourd'hui constant que si les liquidations quasi judiciaires sont généralement avantageuses pour les créanciers et pour les débiteurs eux-mêmes, les liquidations clandestines tournent le plus ordinairement au détriment des uns et des autres, en rendant la faillite plus désastreuse.

Le projet de loi déféré à notre examen remédie au mal en régularisant le procédé de la liquidation quasi judiciaire, et par cela même qu'il s'est inspiré de la pratique des commerçants honorables, il se recommande à toute l'attention des esprits les moins portés vers les nouveautés législatives.

D'accord, en cela, avec les chambres et les tribunaux de commerce, les auteurs du projet attribuent les résultats mauvais qui viennent d'être signalés, à la sévérité de la loi de 1838, et particulièrement à ce qu'elle n'a pas fait de distinction entre le débiteur malheureux, mais honnête, et le débiteur qui, victime de son imprudence, ne recule devant aucun moyen pour tenter la fortune, et en cas d'insuccès

(1) *Rapport fait au nom de la Commission parlementaire* par M. LAROZE, député.

nouveau, pour frauder ses créanciers. Sans aller jusqu'à traiter de la sorte une loi qui a eu précisément pour objet de tempérer l'extrême sévérité du Code de 1807, la Cour reconnaît, sans hésitation, qu'il serait équitable autant qu'utile à tous, d'organiser, à côté de la faillite dont les rigueurs nécessaires continueront à s'appesantir sur les débiteurs qui auront fait bon marché des droits de leurs créanciers, une procédure de liquidation judiciaire réservée aux seuls débiteurs qui se seront arrêtés, au moment où la loi et l'honneur leur commandent de le faire.

Le mal auquel il est urgent de remédier n'a pas exclusivement pour cause ce qu'on appelle l'injustice de la loi. Les auteurs du projet reconnaissent que l'exclusion à peu près complète des créanciers de la gestion des biens du failli, la puissance presque illimitée des syndics, les lenteurs et les frais de la procédure qui ont pour résultat d'absorber la majeure partie de l'actif, ont largement contribué à discréditer la législation actuelle. La Cour estime que la facilité avec laquelle trop de commerçants au-dessous de leurs affaires se laissent entraîner à commettre des actes malhonnêtes, dénote un certain affaiblissement des principes de moralité auxquels le sentiment de l'honneur commercial doit être subordonné. Les scandales donnés par la spéculation, la rapidité avec laquelle de grandes fortunes s'élèvent à la Bourse, ont inspiré à beaucoup de commerçants des visées excessives. Ils veulent aller vite; or, le travail ne conduit à la fortune que lentement, tandis que l'aléa peut faire atteindre le but en très peu de temps; il a ses dangers, mais sa puissance est merveilleuse, et tout peut réussir alors que tout paraît perdu. Ces considérations, sur lesquelles la Cour ne veut point insister, ont pour seul objet d'établir, dès à présent, qu'il serait plus que téméraire d'énerver la législation de la faillite proprement dite, en faisant produire à la déclaration d'excusabilité des effets presque identiques à ceux de la réhabilitation.

Dans la combinaison adoptée par les auteurs du projet, le sort du commerçant est fixé différemment, suivant qu'il a fait sa déclaration dans les dix jours de la cessation de ses payements, ou qu'il a laissé ce délai s'écouler. Au premier cas, il pourra obtenir le bénéfice d'une liquidation judiciaire honorable; au second, il sera mis en faillite sans pouvoir obtenir de ses créanciers aucun concordat. L'économie du projet est tout entière dans cette alternative laissée au débiteur lui-même.

Quiconque a pratiqué la justice commerciale, sait pertinemment, d'une part, « qu'un débiteur peut soutenir son » crédit jusqu'à épuisement presque total de l'actif, sans » avoir cessé ses payements (1) ; » d'autre part, que le débiteur est gêné dans ses affaires avant d'être acculé à l'impossibilité de payer, et que le plus habituellement, lorsqu'il perd l'espoir et se résout à liquider, il était depuis quelque temps déjà en état d'insolvabilité, voire même de cessation de payement. La cessation des payements est d'ailleurs un fait complexe qui échappe à toute définition et sur la date précise duquel les commerçants sont sujets à faire erreur. On ne peut donc, à notre avis, en faire le point de départ fatal de deux voies conduisant l'une à la liquidation judiciaire, l'autre à la faillite sans concordat.

Si cette partie du projet passait dans la législation, on verrait de très honnêtes négociants privés du bénéfice de la liquidation judiciaire pour s'être mépris sur la portée juridique de tel ou tel acte, d'autres négociants non moins honnêtes affolés par la crainte de la forclusion, lâcher pied et déposer

(1) *Délibération du tribunal de commerce de Brest.*

leur bilan à la première échéance difficile, et surtout on verrait nombre de débiteurs habiles doubler heureusement le cap de la faillite, en déclarant dans les dix jours de la cessation réelle de leurs payements... qu'ils ne peuvent offrir à leurs créanciers que des dividendes de 25, de 15 ou de 10 °/₀.

Les auteurs du projet ont fait de la déclaration dans les dix jours la condition de la liquidation judiciaire, parce qu'ils ont attaché une importance exagérée à la diminution progressive du nombre des déclarations, qui n'est en réalité qu'un symptôme. Les commerçants honnêtes tardent à déposer leur bilan ou même s'abstiennent de le faire parce qu'ils épuisent tout l'actif qui leur reste, dans l'espoir qu'ils n'auront pas à faire l'aveu de leur impuissance et à passer sous les fourches caudines de la faillite. Quant aux commerçants malhonnêtes, qu'il ne faut pas perdre de vue, il n'est pas rare qu'ils déposent courageusement leur bilan, après avoir mis en lieu sûr la majeure partie de l'actif que la fortune adverse leur avait laissé. L'épuisement ou le détournement de l'actif, voilà le mal, voilà la plaie sur laquelle il faut appliquer le remède.

La Cour est d'avis que l'adoption d'un amendement qui a été entrevu par deux tribunaux de commerce du ressort et nettement formulé par *Un groupe de négociants,* aura pour effet de réduire bien plus sûrement le nombre des faillites désastreuses.

« Que veut le projet de loi ? dit la délibération du tribunal » de Lorient. — Amener le commerçant à faire connaître » sa situation mauvaise avant l'engloutissement de l'actif. — » Par quels moyens ? — Par d'immenses immunités qui » seront insuffisantes à provoquer le résultat cherché, car le » commerçant gêné a toujours une tendance à exagérer ses » ressources, ses moyens et ses espérances. — Si, à côté de

» ces immunités, vous ajoutez une condition à remplir, celle » d'assurer 25 °/₀ de dividende aux créanciers, vous rendez » la loi plus efficace, en éveillant les craintes et en détruisant » les illusions. »

Les juges consulaires de Brest développent la même idée : « La perspective séduisante d'éviter la faillite empêchera, » nous l'espérons, les débiteurs aux abois et jusque-là hon- » nêtes, d'employer des moyens d'une délicatesse douteuse » pour se soutenir envers et contre l'évidence, et les enga- » gera à se remettre, dès qu'ils se verront au-dessous de » leurs affaires, entre les mains de la justice et de leurs » créanciers. Nous croyons donc le remède bon et devant » donner de bons résultats pratiques; cependant il ne faudrait » pas s'en exagérer l'efficacité, et nous voudrions le voir » doubler d'une mesure qui sera, nous en sommes con- » vaincus, au moins aussi efficace : l'impossibilité d'échapper » à la faillite lorsque l'actif brut réalisé sera inférieur à 50 °/₀ » du passif vérifié et affirmé. »

Allant droit au but, *Un groupe de négociants* propose que tout commerçant qui cesse ses payements soit déclaré en état de liquidation judiciaire. « Les créanciers, ajoute-t-il, convo- » qués de suite par le liquidateur qui leur exposerait la » situation du bilan du débiteur, décideraient, à la majorité » du nombre des créanciers et aux trois quarts de la totalité » des créances, s'il y a lieu : 1° ou d'accorder au débiteur » des délais, si l'actif est supérieur au passif; 2° ou de liquider » l'actif et d'accepter ses offres de concordat; 3° ou enfin de » le faire déclarer en faillite, si l'on juge qu'il a procédé frau- » duleusement ou si le dividende offert est trouvé insuffisant. » Pour empêcher la situation des débiteurs de s'aggraver par » des atermoiements et des renouvellements, le meilleur » système serait d'édicter dans la loi *que tout débiteur ne*

» *pourra concorder avant faillite, sans s'engager à donner au* » *moins* 40 °/₀ *de dividende,* si l'actif n'atteint pas ce chiffre. »

Les négociants qui ont pris l'initiative de cette proposition adressent au projet le grave reproche de méconnaître le droit des créanciers : « Pourquoi s'obstine-t-on, demandent-ils, à » priver les créanciers du droit de sauvegarder eux-mêmes » leurs intérêts? Ce ne serait cependant que l'application du » principe du suffrage universel qui régit aujourd'hui toutes » nos institutions. »

Cette critique est d'autant plus fondée que les auteurs du projet ont abouti à faire de la liquidation judiciaire un privilège en faveur du débiteur. Les créanciers, en effet, ne seraient point recevables à la provoquer! Ainsi la grosse question du concordat dépend du parti que le débiteur prendra dans les dix jours de la cessation de ses payements. S'il a laissé le délai fatal s'écouler par erreur, fausse honte ou calcul, les créanciers ne pourront pas consentir un concordat leur donnant 40, 60, 80 °/₀ de dividende. Que si, afin de parer à une objection aussi décisive, on proposait de reconnaître aux créanciers le droit de provoquer la liquidation judiciaire, il faudrait ou bien exiger qu'ils présentent requête dans les dix jours de la cessation des payements — et alors la concession est sans valeur, l'état de cessation des payements étant presque toujours soigneusement dissimulé au moins à quelques-uns des créanciers, — ou bien les autoriser à agir passé le délai imposé au débiteur, ce qui reviendra en fait à la suppression de ce délai, partant, à l'anéantissement du système tout entier.

Dans la combinaison que la pratique du commerce et l'expérience des règlements de faillites ont suggérée aux juges consulaires de Lorient, de Brest et au groupe de négociants nantais, les débiteurs qui se sont arrêtés ou qui ont été arrêtés à temps dans la voie du désastre n'encourent ni la flétrissure ni les rigueurs de la faillite. Liquidés honorablement et remis à la tête de leurs affaires, ils sont en situation de travailler à leur réhabilitation future. Quant aux débiteurs, fort peu intéressants, qui ont épuisé la presque totalité de leur actif au détriment de la masse, la faillite les saisit et ils ne peuvent s'en prendre qu'à eux-mêmes des suites de leur coupable imprévoyance. Vainement objecterait-on qu'il n'est pas impossible qu'un commerçant honnête et sage soit hors d'état de garantir à ses créanciers un dividende minimum de 40 %. Les lois sont faites pour sauvegarder l'intérêt général par les moyens que commandent les nécessités de la répression.

La liquidation judiciaire une fois ouverte, « tous traités ou » concordats amiables qui ne seraient pas souscrits dans les » formes prescrites, sont frappés de nullité » par l'art. 463 nouveau. Les auteurs du projet ne se sont point occupés des traités amiables souscrits avant l'ouverture de la liquidation judiciaire par les débiteurs en état de cessation de payements, traités le plus ordinairement entachés de fraude. C'est qu'ayant fait de la déclaration *volontaire,* dans les dix jours, la condition de la liquidation judiciaire, ils ont été amenés à relever les commerçants en état de cessation de payements de l'obligation de faire la déclaration prescrite par les art. 438 et 439 du Code de commerce, et par voie de conséquence, à supprimer le § 4 de l'art. 586 du même Code, aux termes duquel le commerçant qui a désobéi au prescrit de la loi peut être déclaré banqueroutier simple. La Cour refuse son assentiment à une innovation qui aurait pour effet d'autoriser les commerçants ayant laissé passer le moment de faire utilement leur déclaration, à épuiser la totalité de l'actif ou à prendre avec leurs créanciers des engagements tout au moins suspects.

Que les commerçants qui se voient au-dessous de leurs

affaires puissent traiter avec leurs créanciers, on ne l'a jamais contesté. Mais quand un commerçant a cessé ses payements, peut-il, au lieu d'obéir à la loi en allant faire sa déclaration au greffe du tribunal, prendre avec ses créanciers des arrangements qui échappent au contrôle de la justice ? La Cour estime que du moment où la liquidation judiciaire est introduite dans la législation, il faut résolument mettre fin à la pratique des traités amiables, en frappant d'une nullité absolue tous les arrangements qui auront été conclus postérieurement à la cessation des payements. Ainsi que le dit très bien le tribunal de commerce de Nîmes, « il n'est pas » juste que celui qui invoque la loi, s'y soumet, s'expose aux » pénalités qu'elle édicte, assure à ses créanciers des garanties » sérieuses, soit plus mal traité que celui qui cherche à » éluder la loi ; que le débiteur honnête qui a demandé à la » justice une liquidation judiciaire soit par exemple exposé à » être déclaré failli, tout au moins privé de l'éligibilité à certaines fonctions, tandis qu'un autre débiteur plus heureux » ou plus habile aura fait directement avec ses créanciers un » arrangement désastreux pour eux, avantageux pour lui. »

Sous l'expresse réserve des modifications qui viennent d'être indiquées, la Cour est convaincue que l'institution de la liquidation judiciaire donnera satisfaction aux plaintes légitimes que le commerce fait entendre persévéramment depuis de longues années. Il lui reste maintenant à émettre un avis motivé sur celles des autres dispositions du projet qui soulèvent des questions de quelque importance.

Publicité des jugements déclaratifs de liquidation judiciaire.

Afin de rendre la liquidation judiciaire aussi peu compromettante que possible, les auteurs du projet ont cru pouvoir aller jusqu'à la suppression de toute mesure de publicité autre que celle résultant de ce que le jugement est rendu en audience publique. « Le but, disent-ils, ne serait pas atteint, » si la publicité venait infliger au commerçant son irréparable » blessure. » Il est, en effet, à peu près certain que si les débiteurs en état de cessation de payements ne sont plus tenus de faire la déclaration prescrite par l'art. 438 du Code de commerce, et que s'il ne leur est pas rigoureusement interdit de négocier des traités clandestins, le nombre des liquidations judiciaires ne sera pas sensiblement plus élevé que l'est aujourd'hui celui des liquidations quasi judiciaires. La Cour ne peut donc que confirmer l'avis qu'elle a exprimé tout à l'heure sur la nécessité de frapper de nullité tous traités amiables souscrits postérieurement à la cessation des payements. Quant à la publicité à donner au jugement par voie d'affiches et d'insertions dans les journaux, elle constitue pour les créanciers une garantie, dont aucune considération tirée de l'intérêt particulier du débiteur ne justifie la suppression.

Aussi bien la liquidation judiciaire étant, dans le système adopté par la Cour, la loi de tous les commerçants en état de cessation de payements, il n'y a plus lieu de rechercher ce qui pourrait être le moins désagréable au débiteur.

Dessaisissement du débiteur en état de liquidation judiciaire.

Toujours dans le désir de faire agréer au débiteur la procédure de la liquidation judiciaire, les auteurs du projet ne lui font subir « qu'un dessaisissement partiel, » et ils réduisent le rôle du liquidateur à celui d'une sorte de conseil judiciaire. Les tribunaux de commerce du ressort refusent unanimement leur assentiment à cet abandon des précautions prises par la loi de 1838, contre les défaillances de conscience des commerçants aux prises avec la ruine.

Dans le même ordre d'idées, le projet n'autorise le liquidateur ni à requérir l'apposition des scellés ni à faire inventaire. Toutes ces capitulations dictées par la logique, achèvent de démontrer la fausseté du système.

L'observation par laquelle se termine l'article précédent, dispense la Cour d'insister sur l'inacceptabilité des dangereuses innovations contenues dans cette partie du projet. La prudence et le souci des droits des tiers veulent que la liquidation judiciaire soit conduite, depuis son ouverture jusqu'au jour où se réunira l'assemblée pour le concordat, comme l'est aujourd'hui la faillite durant cette même période.

Transactions.

L'art. 443 du projet modifie heureusement l'art. 487 du Code de commerce en autorisant le débiteur assisté du liquidateur (nous dirons : le liquidateur assisté du débiteur) à transiger sur tout litige dont la valeur n'excède pas 1,500 fr., et en disposant qu'au-dessus de ce chiffre, ou si la valeur du litige est indéterminée, la transaction, même en matière immobilière, sera soumise à l'homologation du tribunal de commerce, mieux renseigné, plus compétent que le tribunal civil.

Institution des contrôleurs.

En plaçant à côté du liquidateur deux contrôleurs élus par les créanciers et pris parmi eux, les auteurs du projet ont voulu faire droit aux réclamations du commerce touchant le rôle effacé que la loi actuelle impose aux créanciers jusqu'à l'assemblée pour le concordat. Mais cette innovation a été défavorablement accueillie par la majorité des tribunaux de commerce du ressort. La Cour se range à l'avis moyen consigné dans la délibération du tribunal de Brest : « En théorie » l'idée est séduisante. Nous croyons même qu'elle peut, » dans la pratique, donner de bons résultats, mais nous trou- » vons les termes de l'art. 446 trop impératifs. Sans nous » arrêter à ce qu'a de bizarre cette multiplicité de surveillants, » juge-commissaire, liquidateur, contrôleurs entraînant une » division de la responsabilité certainement mauvaise, nous » croyons qu'il sera, dans beaucoup de cas, difficile, sinon » impossible, de trouver des créanciers qui acceptent gratui- » tement les conséquences d'un pareil mandat... En outre, il » peut arriver qu'il n'y ait sur les lieux que des créanciers » absolument incapables ou, et cela se voit, qu'il n'y en ait » pas du tout. Sans donc demander la suppression des con- » trôleurs, nous croyons qu'il faudrait autoriser les créan- » ciers à les choisir en dehors d'eux, à ne pas en prendre du » tout, enfin à les rétribuer, s'ils le jugent convenable. »

Propositions du débiteur.

Le tribunal de commerce de Nantes demande et la Cour demande avec lui que tous les créanciers reçoivent, huit jours au moins avant la réunion de l'assemblée du concordat et par l'entremise du liquidateur, le texte des propositions du débiteur. Ce point, dit avec raison le tribunal de Nantes, est d'une extrême importance : « Dans la pratique, tous les » créanciers éloignés se font représenter à l'assemblée par » des mandataires auxquels ils ne peuvent donner aucune » instruction, ne sachant pas sur quel concordat ils ont à » délibérer, à moins qu'ils ne soient résolus de parti pris à

» refuser tout arrangement, sentiment et décision regrettables pour le débiteur et qui ne se produiraient peut-être pas, si le créancier avait un texte de propositions sous les yeux. En fait, dans l'état présent des choses, le sort des concordats est à la discrétion des mandataires et l'usage que ceux-ci font de leur mandat est souvent scandaleux. »

Majorité pour le concordat.

Mus par le désir de faciliter aux débiteurs l'obtention d'un concordat, les auteurs du projet abaissent la majorité en somme des trois quarts aux deux tiers.

La Cour estime, d'accord en cela avec la majorité des tribunaux de commerce du ressort, que cette innovation n'est justifiée par aucun des motifs développés dans le rapport, que le respect du droit individuel recevrait gratuitement une atteinte fâcheuse, et qu'après avoir concédé l'abaissement des trois quarts aux deux tiers, le législateur serait sollicité d'accorder « la moitié plus un centime. »

Concordat après déclaration de faillite.

Si l'actif est inférieur aux quarante centièmes du montant total des créances vérifiées, ou si les créanciers refusent de consentir un concordat dont le dividende minimum ne pourra être inférieur à 40 °/₀, le débiteur sera déclaré en état de faillite. Cette peine lui sera d'ailleurs infligée, s'il est établi contre lui, « à toute période de la liquidation judiciaire, qu'il a dissimulé ou exagéré l'actif ou le passif, omis sciemment le nom d'un ou de plusieurs de ses créanciers, ou commis une fraude quelconque, enfin s'il est condamné pour banqueroute simple ou frauduleuse » (Art. 468 du projet).

La Cour est intimement convaincue que l'efficacité de la réforme dépendra de la fermeté avec laquelle le législateur aura maintenu à la faillite son caractère pénal. Mais elle estime que cette condition de succès peut être remplie sans porter au droit qu'ont les créanciers de sauvegarder leurs intérêts, une atteinte aussi grave que celle résultant de l'impossibilité où les met le projet de consentir au débiteur failli un concordat. Aux termes de l'art. 511 du Code de commerce, « si le failli a été condamné comme banqueroutier » simple, le concordat pourra être formé. » C'est qu'aux yeux du législateur, l'octroi d'un concordat constitue pour les créanciers l'exercice d'un droit, dont l'intérêt public commande de les dépouiller dans le cas de banqueroute frauduleuse, mais qu'il n'est pas permis de leur interdire, par le simple motif que cette interdiction est réputée devoir assurer le bon fonctionnement d'un système favorable aux débiteurs malheureux et honnêtes. Quand elle soumet l'obtention du *concordat de liquidation judiciaire* à la condition que le dividende sera au moins de 40 %, la Cour met à prix, dans l'intérêt des créanciers eux-mêmes, l'exemption de la faillite, faveur faite au débiteur. Mais elle se refuse à suivre et les auteurs du projet et le groupe des négociants nantais, dans une combinaison où des droits primordiaux sont méconnus, et qui aurait pour résultat fatal de compromettre les intérêts du plus grand nombre des créanciers, en enlevant tout espoir de libération à quantité de débiteurs. La Cour maintient donc, non en faveur du failli, mais dans l'intérêt des créanciers et par respect pour leur droit le moins contestable, la possibilité du concordat après faillite.

Dénomination nouvelle du syndic.

Par un euphémisme dont les inconvénients seraient

multiples, les auteurs du projet substituent à la dénomination de *syndic de faillite*, qui est claire et passée dans les mœurs, celle d'*administrateur*. La Cour préfère la dénomination actuelle.

Modifications introduites dans les art. 446 et 447 du Code de commerce.

Sans nier que la connaissance de l'état de cessation de payements de son débiteur rende fort douteuse la bonne foi du créancier qui reçoit même en espèces le payement d'une dette échue, et tout en convenant que la modification proposée simplifierait le règlement des liquidations, la Cour estime que le payement fait en espèces à l'échéance est une chose absolument normale, et qu'en raison de la complexité du fait de la cessation des payements, il importe de laisser aux juges un pouvoir d'appréciation qui leur permette de ne pas annuler des payements réguliers reçus avec une bonne foi démontrée.

Les auteurs du projet proposent, en second lieu, de supprimer ce qu'on appelle la période suspecte, celle des dix jours qui précèdent la cessation des payements. La Cour est d'avis que cette suppression ferait disparaître, sans compromettre les droits de la masse, une anomalie manifeste, la disposition de l'art. 446 n'ayant pas été reproduite dans l'art. 447. En général, les actes déclarés nuls dans le premier et annulables dans le second impliquent l'état de cessation des payements.

Lettres de change et billets à ordre.

Par le motif « que la déchéance du terme, équitable à » l'égard de celui qui cesse ses payements, serait profondé-

» ment injuste quant à celui qui étant endosseur d'un effet, » a donné sa signature sous la condition qu'il ne devrait rien » avant le jour de l'échéance, » le projet biffe du Code de commerce l'art. 444 et modifie ainsi qu'il suit l'art. 163 du même Code : « Dans le cas de faillite de l'accepteur avant » l'échéance, le porteur peut faire protester, *mais il ne peut » exercer son recours qu'après l'échéance.* » La Cour se range à l'avis exprimé par le tribunal de commerce de Brest, sur cette innovation dangereuse : « Ou le porteur a confiance dans le » dernier endosseur son cédant, et alors il se contente de lui » retourner l'effet en le contre-passant; ou il n'a pas con- » fiance, alors il exige des garanties ou le payement. Quoi » de plus naturel et de plus équitable ? Le porteur est de tous » les intéressés à la lettre de change le plus intéressant » puisqu'il en a fourni la contre-valeur, à la condition qu'il » serait payé à l'échéance et que l'*effet serait négociable,* con- » dition implicitement garantie par tous les endosseurs suc- » cessifs. La faillite du tiré fait défaillir la condition, le » contrat se trouve résolu, le porteur ne réclame que ce » qu'il a donné sous condition. Pourquoi serait-il la seule » victime condamnée à garder en portefeuille, jusqu'à » l'échéance, une valeur non négociable ? Enfin, ces disposi- » tions nouvelles porteraient, suivant nous, atteinte au crédit » de la lettre de change qu'il serait sage de ne pas toucher » pour ne pas favoriser la concurrence déjà si active du » papier étranger. »

Vente des immeubles du liquidé ou du failli.

Plusieurs tribunaux du ressort proposent de créer, en ce qui concerne les faillites dont l'actif n'atteindrait pas le chiffre de 5,000 fr., une exception identique à celle qui fait l'objet de la loi du 24 octobre 1884, touchant la vente judiciaire des immeubles. La Cour est d'avis qu'il convient de prendre en très sérieuse considération le préjudice causé aux créanciers, principalement dans les petites faillites, par ce fait regrettable que le prix d'un immeuble vendu trois ou quatre cents francs est absorbé et au delà par les frais. Tandis qu'on peut vendre amiablement et en quelques heures 50,000 fr. de marchandises, il faut pour tirer parti du plus petit immeuble se soumettre à des formalités ruineuses. Il serait à désirer que la nouvelle loi autorisât les liquidateurs et les syndics à vendre amiablement par-devant notaire, avec l'approbation du juge-commissaire, les immeubles d'une valeur inférieure à 5,000 fr.

Privilège du bailleur.

L'actif des petites faillites étant le plus souvent absorbé par les revendications du propriétaire, les auteurs du projet proposent de réduire son privilège à une année seulement de location échue avant le jugement déclaratif, le propriétaire continuant d'ailleurs à être privilégié pour l'année courante, les réparations locatives et tout ce qui concerne l'exécution du bail.

La Cour estime que la réduction proposée est légitime : le propriétaire ne doit pas abuser de sa situation en laissant s'accumuler les termes échus et non payés.

Jugements de séparation de biens.

Les tribunaux de commerce demandent unanimement que les frais de la procédure en séparation de biens cessent d'être supportés par les créanciers.

Il est incontestable que la séparation de biens de la femme du débiteur n'est pas poursuivie dans l'intérêt de la masse, et qu'à ce point de vue, il est injuste d'en mettre les frais à sa charge. D'un autre côté, ne commettrait-on pas une injustice non moins flagrante en mettant le payement de ces frais à la charge de la femme ? Il est de principe et de règle que la partie qui succombe doit être condamnée aux dépens ; or, le mari failli contre lequel l'action en séparation de biens est exercée, succombe.

La solution de cette difficulté serait que le mari succombant fatalement, puisque la faillite est de tous les événements celui qui remplit le mieux les conditions exigées par l'art. 1443 du Code civil, le jugement déclaratif de liquidation judiciaire emportât séparation de biens, sauf le droit pour la femme de renoncer aux effets de la séparation par une déclaration faite au greffe du tribunal dans un délai déterminé.

La Cour ne voit aucun inconvénient théorique ou pratique à ce qu'il soit ainsi donné satisfaction aux justes doléances du commerce.

Exécution du concordat.

L'art. 462 du projet dispose que les fonctions du liquidateur et des contrôleurs cessent aussitôt que le jugement d'homologation du concordat est passé en force de chose jugée.

Comme il arrive trop fréquemment que les dividendes promis ne sont pas payés, la Cour est d'avis qu'il faudrait, au contraire, maintenir les liquidateurs et les syndics en fonction jusqu'à l'entière exécution des concordats, les charger de payer eux-mêmes les dividendes, et leur imposer de provoquer soit la déclaration de faillite, soit celle de l'état d'union, si le débiteur manque à ses engagements.

Excusabilité du failli.

La Cour ne saurait trop insister sur cette considération que le succès de la réforme serait compromis si les pénalités de la faillite n'étaient pas maintenues dans toute leur rigueur. La déclaration d'excusabilité sera pour le débiteur honnête et pour sa famille une atténuation morale; mais jusqu'au jour où il aura été réhabilité, le failli demeurera privé de l'exercice de tous ses droits civiques.

Quant au débiteur liquidé, il est tout au moins convenable qu'il ne puisse devenir ni le juge de ses créanciers, ni l'électeur de leurs concurrents.

De la réhabilitation.

Autant, la liquidation judiciaire une fois instituée, la Cour attache d'importance à ce que le caractère pénal de la faillite ne soit pas affaibli, autant elle voudrait que la législation fît entrer la réhabilitation dans les habitudes du commerce honnête, en la rendant plus facile et moins onéreuse. Aussi, non contente d'approuver les innovations du projet, propose-t-elle, dans l'intérêt bien entendu des créanciers, que la réhabilitation soit accordée moyennant le payement du capital, des frais *et des intérêts au taux de 5 °/₀ pendant cinq années seulement.*

Si le nombre des réhabilitations est chaque année à peu près insignifiant, cela tient à ce que les exigences de la loi et des parquets sont excessives. Ainsi que le dit très bien le tribunal de Brest, « les intérêts, dans l'idée générale, ne représentent que des revenus destinés à être dépensés annuellement. » Pourquoi donc imposer au failli ou à ses enfants de payer deux ou trois fois, à titre d'intérêts, le montant des créances originaires ? La morale publique et les créanciers ne peuvent que gagner à une réforme qui rendra la réhabilitation en quelque sorte obligatoire, par cela seul qu'elle l'aura rendue humainement possible.

De la banqueroute simple.

Non seulement les cas de banqueroute simple actuellement existants sont mieux définis par le projet que par le Code de commerce, mais en augmentant leur nombre, la Commission parlementaire s'est inspirée heureusement des nécessités de la répression. Cette partie du projet serait absolument irréprochable si la disposition de l'art. 586, § 4, y avait été reproduite.

Au moment de clore cet examen, la Cour se plaît à déclarer que les auteurs du projet ont rendu un service signalé au commerce, en mettant le Parlement en situation de reviser la loi de 1838.

Appelée à exprimer librement un avis consciencieux, la Cour devait à la Commission parlementaire, à M. le Garde des sceaux, et se devait à elle-même de ne pas reculer devant la critique de celles des dispositions du projet qui lui paraissaient ne devoir pas assurer le succès d'une réforme, dont la nécessité et l'urgence lui sont amplement démontrées.

Extrait du registre des délibérations de la Cour d'appel de Rennes.

Rennes, le 26 juin 1886.

LE GREFFIER EN CHEF,

AUBIN.

TYPOGRAPHIE OBERTHÜR, RENNES

www.ingramcontent.com/pod-product-compliance
Ingram Content Group UK Ltd.
Pitfield, Milton Keynes, MK11 3LW, UK
UKHW020449220726
13923UKWH00005B/2433